Pequeñas Estrellas

El esquí de las pequeñas estrellas

Un libro de El Semillero de Crabtree

Taylor Farley y Pablo de la Vega

CRABTREE
PUBLISHING COMPANY
WWW.CRABTREEBOOKS.COM

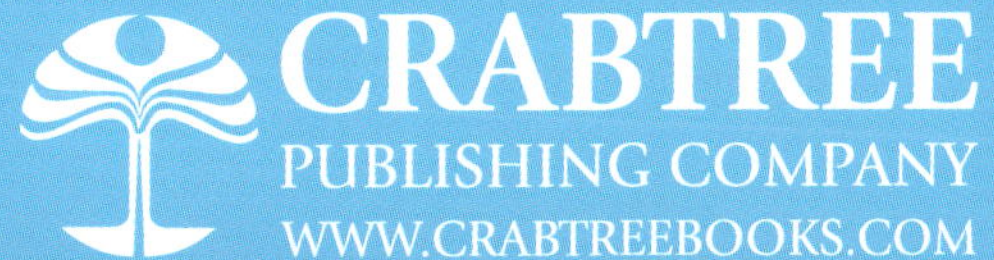

¡Estoy en la escuela de esquí!

Uso ropa abrigada.

bufanda
chaqueta
guantes
pantalones
para esquí

Uso un casco, gafas de seguridad, botas de esquí y **esquís**.

casco
gafas de seguridad
bota de esquí
esquís

fijaciones

Mis botas de esquí se sujetan en las **fijaciones**.

Algunos usamos
palos de esquí.

palos de esquí

Practicamos cómo caer para no hacernos daño.

¡Practicamos cómo volver a ponernos de pie!

Aprendemos a hacer **cuñas**.

Aprendemos a girar y a detenernos.

¡Es hora de esquiar en la **pista de principiantes**!

BURTON
BURTON

Glosario

cuñas: Las cuñas se forman colocando las puntas frontales de los esquís juntas y las puntas traseras separadas.

esquís: Los esquís son piezas largas y delgadas de un material duro. La gente usa esquís para deslizarse sobre la nieve.

fijaciones: Las fijaciones están unidas a los esquís y sujetan las botas.

palos de esquí: Los esquiadores usan palos de esquí para mantener el equilibrio y para ir más rápido.

pista de principiantes: Una pista de principiantes es una colina no muy inclinada y de tránsito sencillo donde niños y principiantes aprenden a esquiar.

practicamos: Practicar es hacer algo una y otra vez para hacerlo mejor.

Índice analítico

Apoyos de la escuela a los hogares para cuidadores y maestros

Los libros de El Semillero de Crabtree ayudan a los niños a crecer al permitirles practicar la lectura. Las siguientes son algunas preguntas de guía que ayudan a los lectores a construir sus habilidades de comprensión. Algunas posibles respuestas están incluidas.

Antes de leer:

- **¿De qué piensas que tratará este libro?** Pienso que este libro es sobre el esquí. Quizá nos enseñe cómo aprenden los niños a esquiar.
- **¿Qué quiero aprender sobre este tema?** Quiero saber qué ropa usa una persona cuando esquía.

Durante la lectura:

- **Me pregunto por qué...** Me pregunto por qué algunos esquiadores usan palos de esquí y otros no.
- **¿Qué he aprendido hasta ahora?** Aprendí que los esquiadores usan ropa abrigada, como bufandas, chaquetas, guantes y pantalones para esquí. También usan cascos, gafas de seguridad, botas de esquí y esquís.

Después de leer:

- **¿Qué detalles aprendí de este tema?** Aprendí que los esquiadores van a una escuela de esquí a aprender a caer, cómo hacer una cuña y cómo dar vuelta y detenerse.
- **Lee el libro de nuevo y busca las palabras del vocabulario.** Veo la palabra *fijaciones* en la página 9 y la palabra *practicamos* en la página 12. Las otras palabras del vocabulario están en las páginas 22 y 23.

Library and Archives Canada Cataloguing in Publication

Title: El esquí de las pequeñas estrellas / Taylor Farley y Pablo de la Vega.
Other titles: Little stars skiing. Spanish
Names: Farley, Taylor, author. | Vega, Pablo de la, translator.
Description: Series statement: Pequeñas estrellas | Translation of: Little stars skiing. | Translated by Pablo de la Vega. | "Un libro de el semillero de Crabtree". | Includes index. | Text in Spanish.
Identifiers: Canadiana (print) 20210097760 | Canadiana (ebook) 20210097779 | ISBN 9781427131683 (hardcover) | ISBN 9781427131867 (softcover) | ISBN 9781427132031 (HTML) | ISBN 9781427136015 (read-along ebook)
Subjects: LCSH: Skis and skiing—Juvenile literature.
Classification: LCC GV854.315 .F3718 2021 | DDC j796.93—dc23

Library of Congress Cataloging-in-Publication Data

CIP available at the Library of Congress

Crabtree Publishing Company
www.crabtreebooks.com 1–800–387–7650

Written by Taylor Farley
Production coordinator and Prepress technician: Samara Parent
Print coordinator: Katherine Berti
Translation to Spanish: Pablo de la Vega
Edition in Spanish: Base Tres

Print book version produced jointly with Blue Door Education in 2021

Printed in the U.S.A./022021/CG20201215

Photo credits: Cover and pages 5, 7, 11, 18 © FamVeld; Pages 2-3 © NataliaVo; page 8 © Tomsickova Tatyana; page 13 © Julia Kuznetsova; page 14 © Petr Bonek; page 17 © Kaca Skokanova; pages 20-21 © YanLev
All photos from Shutterstock.com

Published in Canada
Crabtree Publishing
616 Welland Ave.
St. Catharines, Ontario
L2M 5V6

Published in the United States
Crabtree Publishing
347 Fifth Ave.
Suite 1402-145
New York, NY 10016

Published in the United Kingdom
Crabtree Publishing
Maritime House
Basin Road North, Hove
BN41 1WR

Published in Australia
Crabtree Publishing
Unit 3 – 5 Currumbin Court
Capalaba
QLD 4157